Die 12 Leitlinien der Erziehung

Entwürfe für die Zukunft – Band 13

Kontakt: www.HarryEilenstein.de
Harry.Eilenstein@web.de
Harry Eilenstein bei youtube

Verlag: BoD · Books on Demand GmbH, Überseering 33, 22297 Hamburg, bod@bod.de
Druck: Libri Plureos GmbH, Friedensallee 273, 22763 Hamburg

ISBN: 978-3-8192-0896-6

Inhaltsübersicht

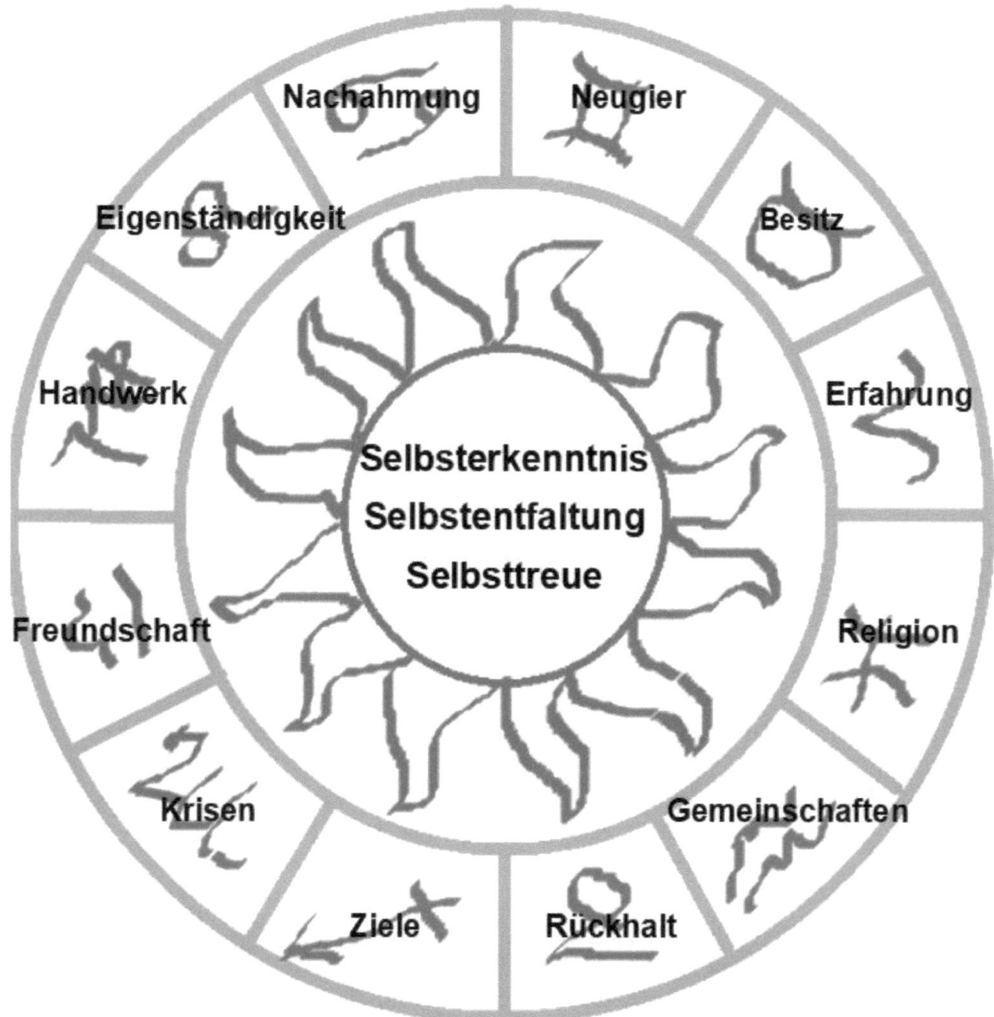

Warum 12?

Alle Bücher dieser Reihe haben genau 12 Kapitel – was sich ja auch in den Titeln dieser Bücher widerspiegelt. Warum?

In diesen Büchern wird der Tierkreis als Matrix von 12 verschiedenen Sichtweisen auf die Welt verwendet, um das Thema des Buches möglichst umfassend in 12 Kapiteln zu betrachten. Dadurch wird eine ausgewogenere, umfassendere und tiefere Einsicht in das jeweilige Thema erlangt als es ohne ein solches Raster, ohne eine solche Matrix möglich wäre.

Der Tierkreis wird in dieser Buch-Reihe als Forschungs-Hilfsmittel benutzt, durch das die Einseitigkeiten in der Betrachtung zumindest vermindert werden können. Weiterhin werden durch dieses Vorgehen diese 12 Sichtweisen auch als Ergänzungen zueinander, als organische Teile eines Ganzen deutlich.

Die Inspiration zu diesem Vorgehen stammt aus Hermann Hesses Roman „Das Glasperlenspiel", für das er 1946 den Literatur-Nobelpreis erhielt. In diesem Roman beschreibt er die öffentlichen Darstellungen von Übersichten und Gesamtbetrachtungen, die mithilfe von verschiedenen allgemeinen Strukturen wie z.B. dem Ba Gua aus dem chinesischen Feng-Shui angefertigt und aufgeführt werden.

Diese Buch-Reihe ist ein Versuch, Hesse's Idee im ganz Kleinen konkret zu verwirklichen.

Die Blickwinkel der 12 Tierkreiszeichen sind:

♈	Widder:	Spontaner
♉	Stier:	Genießer
♊	Zwilling:	Neugieriger
♋	Krebs:	Familienmensch
♌	Löwe:	Egozentriker
♍	Jungfrau:	Handwerker
♎	Waage:	Schöngeist
♏	Skorpion:	Tiefgründiger
♐	Schütze:	Idealist
♑	Steinbock:	Realist
♒	Wassermann:	Theoretiker
♓	Fische:	Träumer

1. Erfahrung

♈

Die meisten Indianer und auch die meisten anderen Naturvölker lassen ihre Kinder selber Erfahrungen machen, aber schützen sie dabei vor zu großen Gefahren. Wenn das Kind erlebt hat, dass Feuer heiß ist, weiß das Kind das – und eine eigene Erfahrung ist immer verlässlicher und überzeugende als etwas, das man nur gehört hat.

Doch die Eltern achten dabei darauf, dass das Kind nicht ins Feuer fällt, nicht von einer Schlange gebissen wird und auch nicht einen giftigen Pilz isst.

In der heutigen, komplexen Welt gibt es viele verschiedene Bereiche, in der die Eltern ihre Kinder erziehen können.

Die grundlegenden Bereiche sind die Fähigkeit, sich zu bewegen, wozu Turn-Spiele der Eltern mit den Kindern – z.B. auf den Matratzen des Doppelbetts – in großem Maße beitragen können. Bei diesen kreativen Bewegungs-Spielen (z.B. auf die Schultern des auf dem Bett sitzenden Vaters klettern) kann den Kindern auch die Bereitschaft zum Wagnis und zugleich die Wichtigkeit der Vorsicht gezeigt werden.

Weiterhin ist die Entwicklung der Sprache ein wichtiger Bereich. Wie bei der Bewegung brauchen die meisten Kinder hier lediglich Gelegenheiten und ein wenig Anregung um dazulernen zu können und ihre Fähigkeiten zu entfalten.

Die Erhaltung der eigenen Gesundheit durch das Anziehen der passenden Kleidung, ein gesundes Essen, durch das Erlernen des Aufklebens eines Pflasters und ähnlicher Dinge ist ebenfalls von Bedeutung.

Ab einem Alter von 2-3 Jahren, aber in vollem Umfang meist erst ab einem Alter von 4 Jahren können die Kinder auch ein Sozialverhalten erlernen, da sie dann klarer „Ich" und „Du" unterscheiden können. Ab dieser Zeit können sie auch ihrer eigene Persönlichkeit deutlicher erfassen und ausrücken, wenn sie dazu von ihren Eltern angeregt werden.

Schon recht früh kommen dann auch Themen wie Verkehr (nicht einfach über die Straße rennen), Umwelt (keinen Müll auf die Wiese werfen) und Medien (nicht ständig aufs Handy schauen) hinzu.

Es gibt auch die Auffassung, dass den Kindern das Spielen gelehrt werden müsste, aber in aller Regel reicht es vollkommen aus, den Kindern die Möglichkeit zum Spielen zu bieten, was meistens einfach bedeutet, dass man sie eben einfach mit dem, was da ist, spielen lässt.

Kinder sind durchaus auch sehr offen für künstlerische Anregungen (Singen, Malen, schnitzen, Ton kneten, Knetgummi …).

Dasselbe gilt auch für religiöse Geschichten, einfache magische Vorgänge (verdeckte Bilder raten) und später auch Astrologie. Dabei ist es wichtig, dass die Eltern ihren Kindern nur solche Dinge zeigen und erklären, von deren Richtigkeit sie überzeugt sind bzw. die sie auch selber durchführen können.

Noch später kommt dann in der Pubertät die Sexualität als Thema hinzu, bei dem die Eltern mit möglichst viel Fingerspitzengefühl vorgehen sollten.

Erziehung wirkt am besten, wenn sie auch den Eltern Spaß macht – man kann Erziehung auch als „gemeinsam das Leben entdecken" auffassen. Dass dabei die Eltern mehr Erfahrung haben, stellt sie nicht über die Kinder, sondern gibt ihnen nur eine bestimmte Rolle. Die Kinder haben anstelle von viel Erfahrung oft viel Kreativität und entdecken neue Möglichkeiten.

Das Ziel dieses Aspektes der Erziehung ist die Fähigkeit, das, was gerade da ist, wahrzunehmen und auf eine sinnvolle Weise darauf einzugehen. also ganz im Hier und Jetzt sein zu können.

„Das Interesse des Kindes hängt von der Möglichkeit ab, eigene Erfahrungen zu machen.“

Maria Montessori

„Über einen Graben, den das Kind ohne Gefahr aus eigener Kraft überspringen kann, darf ich es nicht hinüberheben.“

Gustav Friedrich Dinter

„Was man einem Kind beibringt, kann es nicht mehr selbst entdecken. Aber nur das, was es selbst entdeckt, verbessert seine Fähigkeit, Probleme zu verstehen und zu Lösen.“

Jean Piaget

„Was Du mir sagst, das vergesse ich. Was Du mir zeigst, daran erinnere ich mich. Was Du mich tun lässt, das verstehe ich.“

Konfuzius

2. Besitz

Die Kinder erhalten die Dinge, die sie brauchen: Nahrung, Kleidung, Wohnung und ähnliches.

Die Eltern sind für die Kinder einen dauerhafte Unterstützung und bei ihnen ist eine ständige Heimat. Sie zeigen ihren Kindern auch nach und nach die Wichtigkeit von Besitz, Beruf und Geld, aber stellen dieses Thema nicht in den Vordergrund, sondern zeigen, dass Besitz ein Mittel zum Zweck ist. Idealerweise lehren sie ihre Kinder auch, nicht auf das Geld zu blicken, sondern auf das, was sie eigentlich erreichen wollen – also den Besitz selber.

Kinder brauchen einen Schutzraum, der nur nach und nach zur Welt hin geöffnet wird. Bei vielen Anthroposophen wird daraus ein „in Watte packen" der Kinder, was nicht besonders förderlich ist. Die Kinder von Anfang an allem auszusetzen zerstört hingegen den Schutzraum und ist genauso wenig förderlich. Wie bei den meisten Dingen ist auch hier das rechte Maß entscheidend.

Zu diesem Thema gehört auch die Frage, ab wann ein Kind Taschengeld erhält und ab wann das Kind in zunehmendem Maße für den Kauf seiner Schulhefte und später auch seiner Kleidung zuständig ist.

Zu den Erziehenden gehören nicht nur die Eltern – am besten beide – sondern auch die Tagesmütter in den Kinderkrippen (0-3 Jahre), die Erzieherinnen in den Kindergärten (3-6 Jahre), die Lehrer und Lehrerinnen in den Schulen (ab 6 Jahre) und die Erzieher in den Kinderhorten (ab 6 Jahre).

Als Vater oder Mutter sollte man die Kinder und ihre Bedürfnisse ernst nehmen – ganz einfach deshalb, weil die Kinder diese Bedürfnisse haben. Man sollte also achtsam mit den Kindern umgehen und sich um ihre Bedürfnisse kümmern, sie also nicht weinen lassen, sie viel im Arm halten, sie stillen – und das nach Bedarf und nicht nach der Uhrzeit, sie im Elternschlafzimmer schlafen lassen, sie lange Zeit im Tragetuch tragen usw.

Das bedeutet keineswegs, dass man immer alles macht, was die Kinder gerade wollen, sondern nur, dass man ihr Bedürfnisse ernst nimmt und die Bindung zu ihnen nicht abreißen lässt. Es geht also nicht darum, die Kinder zu verwöhnen, sondern ihnen lediglich die Sicherheit zu vermitteln, dass man sich um sie kümmert.

Dieses „sich um die Bedürfnisse kümmern" funktioniert dann am besten, wenn man als Vater oder Mutter (oder als älterer Bruder oder ältere Schwester) auch um die eigenen Bedürfnisse kümmert. Eine Familie kann nicht gedeihen, wenn einer alles erhält und die anderen darben. Es geht darum, dass alle in etwa gleich zufrieden – so zufrieden, wie es die Umstände möglich machen.

> ***Das Ziel dieses Aspektes der Erziehung sind das sichere Gefühl von Schutz und die Fähigkeit, das Leben genießen.***

„Belohnung und Bestrafung ist die niedrigste Form der der Erziehung."
Dschuangtse

„Der modische Irrtum ist, dass wir durch Erziehung jemand etwas geben können, das wir (selber) nicht haben."
G. K. Chesterton

„Nicht der Besitz an materiellen Gütern erhellt die Kinderjahre, sondern die Liebe und Gemütsverfassung der Eltern."
Rudolf von Tavel

„Kinder können nicht verwöhnt werden, indem sie zu viel von dem bekommen, was sie wirklich brauchen."
Jesper Juul

„Das erste Glück eines Kindes ist das Bewusstsein, geliebt zu werden."
Don Bosco

„Mit einer Kindheit voller Liebe kann man ein halbes Leben hindurch die kalte Welt aushalten."
Jean Paul

3. Neugier

Ⅱ

Die Kinder entfalten sich am mühelosesten und am besten, wenn sie in einer „bunten Umgebung", die viele verschiedene Seiten und Anregungen hat, aufwachsen.

Durch dieses „Montessori-Prinzip" können die Eltern die Neugier ihrer Kinder fördern, die eine der wichtigsten Eigenschaften eines Menschen ist. In diesem Zusammenhang haben auch Kindergärtnerinnen und später dann die Schule und die Lehrer einen großen Einfluss.

Erziehung hat auch viel mit Zeigen und Lernen zu tun. Die Kinder saugen fast alles Wissen geradezu auf: Sie stehen neben dem Vater, der Holz hackt, und wollen das Holz stapeln; sie schauend er Mutter zu, wenn sie einen Kuchen backt und wollen auch mal den Teig rühren; sie sehen den Bruder malen und wollen auch Stifte und Papier haben; sie sehen die Schwester auf der Blockflöte spielen und wollen auch mal in die Flöte blasen … Erziehung hat sehr viel mit Zulassen und Raum geben zu tun. Man muss als Vater oder Mutter gar nicht so viel prägen, sondern einfach nur zulassen, dass sich das, was da ist, entfalten kann, dass sich das Kind bei den verschiedensten Tätigkeiten selber erlebt.

Das „Lenken der Kinder", als das Erziehung noch häufig angesehen wird und das für dieses Lenken Belohnung und Strafe benutzt, kann leicht zu einer „Dressur" werden.

Man kann jedoch auch durch Anregung und durch die Förderung der Einsicht der Kinder viel erreichen. Diese Methode hat auch den Vorteil, dass die Kinder dabei nicht aufgrund von Zwang handeln, sondern aus Einsicht und weil sie sehen, dass sie so am besten ihre Ziele erreichen.

Dabei muss man als Vater oder Mutter auch immer im Auge behalten, dass jedes Kind wieder ganz anders ist und dass das, was bei dem einen Kind gut funktioniert, bei dem anderen vielleicht überhaupt keine Wirkung hat, und dass das, was das eine Kind fasziniert, für das andere völlig uninteressant ist.

Die Welt ist bunt und auch die Kinder sind verschieden – also muss auch der Stil der Erziehung bei jedem Kind wieder ein bisschen anders sei, auch wenn man als Vater oder Mutter bei der Erziehung natürlich noch immer an denselben Werten orientiert und alle seine Kinder liebt.

Das Ziel dieses Aspektes der Erziehung das Anregen des Kindes, zu erkunden wie bunt die Welt ist und welche Vielfalt an Möglichkeiten sie bietet.

„Die Quelle alles Gutem liegt im Spiel."
Friedrich Fröbel

„Mit allen Sinnen spielen ist sinnvolles Spielen, heißt sich in die Welt zu begeben und sich mit ihr auseinanderzusetzen."
Renate Zimmer

„Das habe ich noch nie gemacht, also geht es sicher gut."
Pippi Langstrumpf

„Spielen ist die höchste Form der Forschung."
Albert Einstein

„Wer noch nie einen Fehler begangen hat, hat noch nie etwas Neues ausprobiert."
Albert Einstein

„Hilf mir, es selbst zu tun (...)."
Maria Montessori

„Du kannst Deinen Kindern Deine Liebe geben, nicht aber Deine Gedanken. Sie haben ihre eigenen."
Khalil Gibran

„Die schönste Musik ist das Lachen eines Kindes."
anonym

4. Nachahmung

♋

Kinder lernen vor allem durch Nachahmung. Das bedeutet, dass die Eltern so leben sollten, wie sie sich wünschen, dass auch ihre Kinder leben werden. Die größte Erziehungshilfe für ein Kind sind glückliche Eltern.

Kinder ahmen ihr Eltern (und Geschwister) nach, d.h. sie kopieren sie. Das ist etwas, das jedes Kind aus sich heraus mach: sie erleben etwas und machen es dann genauso wie die anderen es gemacht haben. Kinder sind lernbegierig: „Selber machen!"

Dieses Lernen durch Vorbilder ist nichts, was man Kinder beibringen müsste. Das Unterbewusstsein ist durch Assoziationen strukturiert, d.h. wenn man eine bestimmte Situation erlebt, wird diese Situation mehr oder weniger bewusst mit allen anderen ähnlichen Situationen, die man schon zuvor erlebt hat, verbunden.

Zu diesen Verbindungen gehören auch die (erfolgreichen) Verhaltensweisen, die man bei anderen gesehen hat. Daher neigen Kinder (und Erwachsene) dazu, sich so zu verhalten, wie sie es bei anderen gesehen haben, die in der betreffenden Situation erfolgreich gewesen sind. Folglich ist die Nachahmung die einfachste Form des Lernens, die jedes Kind aufgrund der assoziativen Selbstorganisation des Gehirns und der Psyche zur Verfügung hat.

Es für Kinder auch hilfreich, wenn sie den Umgang mit ihren inneren Bildern, mit der Traumdeutung, der Imagination und der Lebenskraft erlernen.

Kinder gedeihen, wenn sie sie bei ihren Eltern Geborgenheit erleben und daher ein Urvertrauen entwickeln können. Wenn die Eltern empathisch sind, kann das Kind sich zeigen und damit beginnen die Welt zu entdecken und ohne Angst zu schauen, was all die Dinge sind, denen es begegnet.

Empathie bedeutet nicht Verwöhnung, sondern Anteilnahme, Verstehen und Einfühlungsvermögen. Verwöhnung ist genauso wenig förderlich wie Verwahrlosung – es geht nicht darum, alles zu tun, was das Kind will, sondern, dem Kind emotionale Sicherheit in der Familie zu geben.

Das Verhältnis zwischen Eltern und Kindern wird in verschiedenen Kulturen recht verschieden gesehen.

In der westlichen Kultur werden die Kinder so erzogen, dass sie möglichst autonom werden. D.h. die Eltern müssen etwas für ihre Kinder tun.

In China, das vom Konfuzianismus geprägt ist geht es bei der Erziehung hingegen um die Festigung der Familienbindung, damit die Kinder ihre Eltern, wenn sie alt geworden sind, versorgen. D.h. die Kinder müssen etwas für ihre Eltern tun. Diese Form der Erziehung und des Eltern/Kind-Verhältnisses findet sich auch bei den Naturvölkern und war auch in Europa bis zum Mittelalter und auch darüber hinaus üblich.

In der westlichen Kultur hat der Staat anstelle der Kinder die Versorgung der Alten übernommen, wobei es sich dabei noch immer um einen „Generationen-Vertrag" handelt, da die Arbeitenden durch ihre Sozialabgaben das Geld für die Rente der Alten erwirtschaften. Das Prinzip „Junge versorgen Alte" gibt es also auch im Westen noch immer – nur ist es anders, d.h. kollektiv statt individuell organisiert worden.

Die soziale Auswirkung dieser verschiedenen Altersversorgungs-Formen ist, dass in China die Gemeinschaft im Vordergrund steht, während im Westen das Individu-um im Vordergrund steht.

Dieser Unterschied, der bereits in der Erziehung des kleinen Kindes zu sehen ist, zeigt sich dann auch in der politischen Organisation: im individuell-orientierten Westen die freie Marktwirtschaft (in der die Versorgung der Alten weitgehend fehlt), im kollektiv-orientierten Osten die zentrale Planwirtschaft des Kommunis-mus. Die soziale Marktwirtschaft wie z.B. in der BRD ist eine Mischform dieser beiden Extreme.

> ***Das Ziel dieses Aspektes der Erziehung ist die Fähigkeit der Kinder, ihre Innenwelt zu verstehen und konstruktiv mit ihr umgehen zu können, was auch Grundkenntnisse in Meditation und dem Lenken der Lebenskraft u.a. in der Meditation beinhaltet.***

„*Es ist einfacher, eine Nation zu regieren, als vier Kinder zu erziehen.*“
Sir Winston Churchill

„*Man kann ohne Liebe Holz hacken, Ziegel formen und Eisen schmieden, aber man sollte nie ohne Liebe mit Menschen umgehen.*“
Leo N. Tolstoi

„*Wenn wir wahren Frieden in der Welt erlangen wollen, müssen wir bei den Kindern anfangen.*“
Mahatma Gandhi

„*Die Erziehung ist die mächtigste Waffe, die man benutzen kann, um die Welt zu ändern.*“
Nelson Mandela

„*Die Lösung für die Menschheit liegt in der richtigen Erziehung der Jugend, nicht in der Heilung von Neurotikern.*“
Alexander Sutherland Neill

„*Wer sich seiner eigenen Kindheit nicht mehr deutlich erinnert, ist ein schlechter Erzieher.*“
Marie von Ebner-Eschenbach

„*Viele, die bei Kindern sind, tun ihre Pflicht, aber das Herz ist nicht dabei. Das merkt das Kind.*“
Wilhelm von Humboldt

„*Mit den Kindern muss man zart und freundlich verkehren. Das Familienleben ist das beste Band. Kinder sind unsere besten Richter.*“
Otto von Bismarck

„*Kinder, die man nicht liebt, werden Erwachsene, die nicht lieben.*“
Pearl S. Buck

„*Es gibt nichts Schöneres als geliebt zu werden, geliebt um seiner selbst willen oder vielmehr: trotz seiner selbst.*“
Victor Hugo

„Die Liebe der Eltern zu ihren Kindern ist das einzige vollkommen selbstlose Gefühl.“

William Somerset Maugham

„Mütter halten die Hände ihrer Kinder nur für eine Weile, aber ihr Herz für immer.“

Irische Weisheit

5. Eigenständigkeit

♌

Das wichtigste, was Kinder von ihren Eltern erhalten können, ist die Liebe der Eltern zu ihren Kindern – und zwar nicht die Liebe zu dem, wie sich die Eltern ihre Kinder wünschen, sondern zu dem, wie die Kinder sind.

Daher sollten die Eltern die Selbsterkenntnis, die Eigenständigkeit und die Selbsttreue ihrer Kinder fördern. Dazu gehört es als Erstes, dass auch die Eltern selber wissen, wer sie sind, eigenständig geworden sind und sich selber treu sind.

Die Traumreise zur eigenen Mitte, durch die man die eigene Seele und das eigene Krafttier kennenlernen kann, ist ein wichtiger und sehr hilfreicher Teil der Selbsterkenntnis.

Um die Kinder zu Individuen heranwachsen zu lassen, ist es notwendig, den Kindern – und nicht nur den eigenen – respektvoll zu begegnen und sie genauso ernst zu nehmen wie jeden Erwachsenen. Das bedeutet nicht, dass man die Kinder alles entscheiden lässt, sondern nur, dass man das, was sie tun und sagen, nicht als „Kinderkram" abtut und z.B. in ihrem Beisein über sie mit anderen spricht, als wären sie Dinge oder Haustiere.

Die Förderung der Fähigkeiten der Kinder hilft den Kindern, sich selber zu erkennen und sich zu entwickeln und zu entfalten – was die Grundvoraussetzung dafür ist, dass sie ein glückliches Leben führen können.

Im Grund ist Erziehung aus dieser Sicht eine Hilfe zur Selbsthilfe und die Entwicklung der Fähigkeit der Selbsterziehung. Dieser Ansatz ist schon deshalb sinnvoll, weil jedes Kind seinen eigenen Stil hat und daher seine ganz besondere Erziehung braucht. Wenn die Eltern etwas von Astrologie verstehen, kann es in Erziehungs-Krisen unter Umständen auch hilfreich sein, sich das Horoskop des Kindes anzusehen.

Vielleicht hat es ja ein Quadrat zwischen Uranus und Saturn – dann braucht das Kind, um Regeln folgen zu können, zwischendurch immer wieder mal, dass es entweder selber oder noch besser zusammen mit den Eltern etwas Verrücktes tun kann. Wenn man als Vater oder Mutter solche Eigenheiten des Kindes kennt und sie berücksichtigt, wird die Erziehung sehr viel einfacher …

Den schon im vorigen Kapitel angesprochenen West/Ost-Unterschied in der Erziehung gibt es auch bei dem Thema dieses Kapitels: Im Westen wird eher das Erschaffen von Individualität, Unterschieden und Vorteilen angestrebt – im Osten wird eher das Erschaffen von Kooperation, Gemeinsamkeiten und Gleichheit angestrebt.

> ***Das Ziel dieses Aspektes der Erziehung dient dazu, dass das Kind befähigt, wirklich sein eigenes Leben zu leben – als Kind, als Jugendlicher und als Erwachsener.***

„Das Leben anzuregen – und es sich dann frei entwickeln zu lassen – hierin liegt die erste Aufgabe des Erziehers.“
Maria Montessori

„Jede Erziehung ist Selbsterziehung, und wir sind eigentlich als Lehrer und Erzieher nur die Umgebung des sich selbst erziehenden Kindes.“
Rudolf Steiner

„Kinder werden nicht erst zu Menschen – sie sind bereits welche.“
Janusz Korczak

„Ein Kind ist kein Gefäß, das gefüllt, sondern ein Feuer, das entzündet werden will.“
François Rabelais

„Erziehung ist nicht das Füllen eines Kübels, sondern das Entfachen eines Feuers.“
William Butler Yeats

„Wer sagt, daß Spielen nur ein Üben für das spätere Leben ist, hat noch nie gespielt."

Jörg Wichmann

„Ein Kind nach den Anleitungen eines Buches zu erziehen, ist gut, nur braucht man für jedes Kind ein anderes Buch."

anonym

„Jede Schneeflocke und jedes Kind haben etwas gemeinsam... sie sind alle einzigartig."

anonym

„Große Männer werden nicht gemacht. Sie werden, was sie sind, ohne besondere Erziehungspläne, völlig unabhängig auch von sonst allerbesten Systemen."
Edgar Allan Poe

„Liebt eure Kinder um ihrer selbst willen, nicht ihrer Leistungen wegen."
Basil Johnston, Ojibwa- Indianer

„Jedes Kind muss die Erfahrung machen, dass Menschen es so lieben, wie es ist und nicht, weil es versucht, jemand anderes zu sein."
Mary Leitka

„Sei einfach Du selbst, alle anderen gibt es schon."
Oscar Wilde

„Jedes menschliche Wesen hat Anspruch auf eine Erziehung, die es fähig macht, in sich selber zu ruhen."
Malwida von Meysenbug

„Je mehr wir unsere Kinder lieben, desto weniger kann es uns genügen, daß sie nur in unsere Fußstapfen treten."
Friedrich Schleiermacher

„Erziehen ist vor allem Sache des Herzens."
Don Bosco

6. Handwerk

♍

Es ist auch sehr förderlich für Kinder, wenn sie viele verschiedene Handwerke und Fertigkeiten erlernen – vom Malen über das Backen bis hin zum Reparieren ihres Fahrrades. Sachkenntnis ist immer förderlich – wobei die Eltern natürlich auch schauen müssen, wozu ihre Kinder eine Begabung und Neigung haben.

Ideal ist eine grundlegende Kenntnis in den meisten Bereichen und eine besondere Förderung in den Bereichen, in denen die Kinder ein auffälliges Talent haben.

Zu diesen Bereichen, deren Förderung sinnvoll ist, gehört neben dem Handwerk auch das Wissen und Grundkenntnisse in physischer und psychischer Heilung. Das beinhaltet auch Grundkenntnisse in Erster Hilfe, also Notfallmedizin, Bachblüten, Umgang mit Schockerlebnissen und ähnliches.

Eltern, denen diese Seite der Erziehung besonders wichtig ist, werden vermutlich auch verschiedene Erziehungskonzepte studieren und allerlei Erziehungs-Ratgeber lesen, um nach Möglichkeit nichts falsch zu machen und nichts zu übersehen. Das ist natürlich durchaus förderlich, aber man solle dabei nicht vergessen, dass das, was für die Kinder das allerwichtigste ist, die Freude der Eltern über die Eigenarten und Besonderheiten der eigenen Kinder ist – auch dann und vor allem dann, wenn die Kinder völlig anders als die Eltern sind.

Die Eltern haben natürlich die Aufgabe, ein Mindestmaß an Ordnung aufrecht zu erhalten und auch für das Funktionieren der Gesamtfamilie zu sorgen, aber diese Ordnung sollte immer nur die Lebendigkeit fördern, aber sie nicht einengen.

> ***Das Ziel dieses Aspektes der Erziehung ist es, das Kind dazu zu befähigen, handwerklich geschickt die Aufgaben bewältigen zu können, vor die es sich gestellt sehen könnte.***

„Man soll die Kinder lehren, die Übertreibung in den Ausdrücken als ein erstes Abweichen von der Wahrheit zu vermeiden."
Alexandre Vinet

„Hat man dem Kinde etwas versprochen, so soll man es halten. Sonst lernt es lügen."
Talmud

„Kinder brauchen Eltern, die Grenzen nicht nur setzen, sondern auch einhalten."
Christa Schyboll

„Kinder brauchen Eltern, die genau fühlen, wann es die Ausnahme von der Regel auch mal sein darf und damit ihre Grundregel dennoch bestätigen."
Christa Schyboll

„Die Seele eines Kindes ist heilig, und was vor sie gebracht wird, muss wenigstens den Wert der Reinheit haben."
Johann Gottfried von Herder

„Was wir heute nicht in Erziehung, Schulen und Familien investieren, zahlen wir morgen doppelt bei der Kriminalitätsbekämpfung; dann ist das Kind aber schon in den Brunnen gefallen."
Heiner Geißler

„Das Ziel der Erziehung sollte sein, dem Kinde zu ermöglichen, später ohne Lehrer weiterzukommen."
Elbert Hubbard

„Über die Erziehung schreiben heißt beinahe über alles auf einmal schreiben."
Jean Paul

„Erziehung: wesentlich das Mittel, die Ausnahme zu ruinieren zu Gunsten der Regel."
Friedrich Nietzsche

„Unter Umständen ist es für manches Kind am besten, wenn es gar nicht erzogen wird."
Peter Rosegger

7. Freundschaften

Das Anregen von Freundschaften ihrer Kinder durch die Eltern beschränkt sich weitgehend auf drei Dinge: 1. die Schaffen von Gelegenheiten für ihre Kinder, andere Kinder kennenzulernen; 2. das Vorbild der eigenen Freundschaften; und 3. die Hilfe für die Kinder, wenn es in den Freundschaften zu Krisen kommt – wobei die Eltern bei diesem 3. Punkt mit viel Vorsicht und Taktgefühl vorgehen sollten.

Die grundlegende Fähigkeit, auf der diese Fähigkeit zu Freundschaften beruht, ist das Gespräch, das die Kinder idealerweise auch bei ihren Eltern sowie bei ihren Eltern und deren Freunden erleben sollten.

Das Gespräch mit den Kindern und der spielerische Austausch mit ihnen sind wichtig, um die Bindung zwischen Eltern und Kindern lebendig zu erhalten. Und was könnte besser und für beide förderlicher sein, als wenn Eltern und Kinder zu Freunden werden?

Dazu müssen die Eltern ihren Kindern – wie bereits gesagt – auf Augenhöhe begegnen und sie ernst nehmen. Dazu gehört auch, dass die Eltern ihre Kinder in Entscheidungen miteinbeziehen, die die Kinder betreffen. Damit ist nicht gemeint, dass sie die Kinder bestimmen lassen, sondern zuerst einmal nur, dass die Eltern zu verstehen versuchen, was die Kinder selber wollen. Die Eltern sollen also nicht ohne mit ihren Kindern zu sprechen, über sie selber, ihre Spielsachen, ihre Kleidung usw. entscheiden.

Weiterhin sollten Eltern ihre Kinder nicht bestrafen, bedrohen oder beschämen. Im besten Fall führt das zu der Abwendung der Kinder von den Eltern – im schlimmsten Fall geben die Kinder dadurch ihren eigenen Willen auf und werden angepasst und antriebslos. Dieses Sprechen mit den Kindern macht allerdings mehr Mühe, wenn das Kind z.B. morgens gut angezogen in den Kindergarten gebracht werden soll und das Kind nicht will, aber es lohnt sich sehr, da dadurch mittelfristig der Umgang mit den Kindern einfacher wird und auch das Verhältnis zwischen Eltern und Kindern wesentlich lebendiger und für beide bereichernder wird.

Es ist offensichtlich, dass auch Manipulationen oder Lügen gegenüber dem Kind die Beziehung zwischen Eltern und Kind nachhaltig zerstören können. Dasselbe gilt auch dann, wenn die Eltern das Zeigen ihrer Liebe zu ihren Kindern an Bedingungen wie z.B. „brav sein" knüpfen.

Stattdessen sollte man als Vater oder Mutter mit dem Kind sprechen und nach einer Einigung mit ihm suchen – da sind die Kinder sehr kreativ, wenn sie das System erst einmal begriffen haben. Wenn der Vater z.B. meditieren will, das Kind jedoch auf den Spielplatz will, kann der Vater dem Kind vorschlagen, dass sie beides machen – erst das eine und dann das andere – und das Kind entscheiden lassen, was sie zuerst machen. Dabei kommt es durchaus vor, dass das Kind zuerst will, dass der Vater meditiert, damit sie anschließend ein „offenes Ende" auf dem Spielplatz haben – und dass sich das Kind ebenfalls ein Kissen holt und sich neben den Vater zum Meditieren hinsetzt, obwohl es noch gar nicht weiß, was Meditieren eigentlich ist.

> *Das Ziel dieses Aspektes der Erziehung ist es, dem Kind zu helfen, nicht alleine leben zu müssen, sondern zu allen Menschen, zu denen es eine Verbindung spürt, auch einen Kontakt knüpfen zu können.*

„Kinder achten mehr darauf, was Eltern tun, als was sie sagen."
anonym

„Erziehung besteht aus zwei Dingen: Beispiel und Liebe."
Friedrich Fröbel

„Nur das lebendige Beispiel erzieht."
Achim von Arnim

„Das gute Beispiel ist nicht eine Möglichkeit, andere Menschen zu beeinflussen – es ist die einzige."
Albert Schweitzer

„Auf Kinder wirkt das Vorbild, nicht die Kritik. "
Heinrich Thiersch

„Kinder machen nicht das, was wir sagen, sondern das, was wir tun. "
Jesper Juul

„Wir brauchen unsere Kinder nicht erziehen, sie machen uns sowieso alles nach. "
Karl Valentin

„Das Leben der Eltern ist das Buch, in dem die Kinder lesen. "
Augustinus Aurelius

„Erziehen heißt vorleben. Alles andere ist höchstens Dressur. "
Oswald Bumke

„Besteht nicht die Hälfte der Kinderzucht darin, das wieder abzulehren, was die Kinder von Erwachsenen sehen und lernen? "
Karl Julius Weber

„Das bedeutendste Ergebnis der Erziehung ist die Toleranz. "
Helen Keller

8. Krisen

℥

Krisen sind unvermeidbar. Daher ist es eine große Hilfe für die Kinder, wenn sie erleben können, wie ihre Eltern mit Krisen umgehen – sofern die Eltern mit Krisen konstruktiv umgehen können und nach der Krise stärker und runder geworden sind als vorher.

Generell ist ein gutes Vorbild in Bezug auf den Umgang mit heftigen Gefühlen – einschließlich Sexualität und Kampf – für die Kinder sehr hilfreich. Eine der anspruchsvollsten Krisen sowohl für die Kinder als auch für die Eltern sind Beziehungskrisen der Eltern und die Trennung der Eltern.

Kinder brauchen es, dass die Eltern ihre Gefühle der Kinder ernst nehmen. Wenn Eltern das nicht tun, führt das entweder zu heftigem Widerstand durch die Kinder oder zum innerlichen Zusammenbrechen der Kinder. Schließlich erwarten sie vor allem von den Eltern Verständnis und Hilfe bei ihren eigenen heftigen Gefühlen – von wem sonst sollten sie diese Hilfe erhalten können? Wenn sie jedoch stattdessen zurückgewiesen oder gemaßregelt werden, fühlen sich die Kinder hilflos und isoliert und stehen dann – wenn sich das wiederholt – unter zunehmend großem emotionalen Druck.

Zu diesem Verständnis für die Gefühle der Kinder und dem Ernstnehmen dieser Gefühle gehört auch, dass die Eltern nicht danach streben, ihre Kinder zu unter-drücken, zu entmündigen und zu dressieren.

Insbesondere sollten sie die Wutanfälle ihrer Kinder nicht sofort bestrafen und abwürgen, denn dann wird die Wut entweder noch heftiger oder sie wird nach innen, d.h. gegen sich selber gerichtet. Wut, Verzweiflung und Trauer werden heftiger, wenn man sie einengt und ihnen den Raum zum Ausdruck nimmt – sie entspannen sich hingegen, wenn man ihnen Raum gibt und zuhört. Leider ist dies noch nicht einmal allen Therapeuten bewusst.

Die sogenannte Trotzphase, die oft von viel Wut und Weinen begleitet wird, beginnt mit ca. eineinhalb Jahren. Dieser Trotz beruht auf der Entdeckung der Abgrenzung zwischen „Ich" und „Nicht-Ich", die auf die weitgehend symbiotische Phase des

Babys folgt. Diese Entdeckung der Entscheidungsmöglichkeiten und des „Nein!" ermöglicht dem Kleinkind, einen eigenen Standpunkt einzunehmen. Das, was dabei förderlich ist, ist das Ernstnehmen des Willens der Kinder und der Suche nach einer Möglichkeit, die sowohl dem Kind als auch den Eltern gefällt.

Trotz ist keine Elternmanipulation durch die Kinder – Kinder können sich erst ab dem Alter von ca. 4 Jahren in andere hineinversetzen. Vorher ist bei ihnen einfach nur ein „das haben wollen" oder „das nicht wollen", also nur ein internes Gefühl, aber noch keine externe Einschätzung der Gesamtsituation.

Daher liegt es zunächst einmal bei den Eltern, einen tragfähigen Kompromiss zwischen dem, was die Kinder und was sie selber wollen, zu finden. Wenn die Kinder jedoch das Prinzip des Kompromisses erst mal verstanden haben, können sie darin ziemlich kreativ werden und auch selber Lösungen vorschlagen, auf die man als Vater oder Mutter gar nicht gekommen wäre.

Die Grundlagen dafür sind zum einen, dass sich das Kind von den Eltern ernst genommen fühlt, und zum anderen, dass nur Kompromisse geschlossen werden, von denen die Eltern wissen, dass sie sie mit sehr großer Wahrscheinlichkeit auch einhalten können werden. Wenn diese Abkommen durch die Eltern des öfteren gebrochen werden, funktioniert diese Suche nach Kompromissen schon nach kurzer Zeit nicht mehr und es wird wieder zu einem Kampf zwischen Eltern und Kindern kommen.

> ***Das Ziel dieses Aspektes der Erziehung ist die Fähigkeit des Kindes, seine eigenen Tiefen, Grundüberzeugungen, Wünsche, Ängste usw. kennenzulernen und sein Leben an ihnen auszurichten.***

„*In einem Haus voll Kindern hat der Teufel keine Macht.*"
Sprichwort

„*Man kann in Kinder nichts hineinprügeln, aber vieles herausstreicheln.*"
Astrid Lindgren

„*Von allen Fehlern, die in der Erziehung gemacht werden, ist der Glaube an ererb-te Grenzen der Entwicklung der schlimmste.*"
Alfred Adler

„*Bevor ein Kind Schwierigkeiten macht, hatte es welche.*"
Afred Adler

„*Kinder entwickeln Störungen wenn sie in der Entwicklung gestört werden.*"
Gunda Frey

„*Niemand kann erreichen Kindeszucht mit Streichen (= Schlägen).*"
Walther von der Vogelweide

„*Er pflegte gern zu behaupten, dass sowohl bei der Erziehung der Kinder als bei der Leitung der Völker nichts ungeschickter und barbarischer sei als Verbote, als verbietende Gesetze und Anordnungen.*"
Johann Wolfgang von Goethe

„*Wehe dem, der ein Kind in Furcht erzieht, und wenn es die Furcht Gottes wäre!*"
Walther Rathenau

„*Kinder brauchen Liebe – besonders, wenn sie sie nicht verdienen.*"
Henry David Thoreau

„*Nichts wirkt seelisch stärker auf die menschliche Umgebung, besonders auf die Kinder, als ungelebte Leben der Eltern.*"
Carl Gustav Jung

„*Kinder berühren unbewusst unsere wunden Punkte und helfen uns damit, richtig erwachsen zu werden.*"
Jesper Juul

„*Ein Kind stellt die Fehler der Erwachsenen nicht in Frage, es erduldet sie.*"
Dan George, Salish-Indianer

„Es ist ausgemacht, daß eine schlechte Erziehung der Frauen viel mehr Unheil erzeugt als die der Männer.“

François de Salignac de la Mothe Fénelon

„Wenn man einen jungen Burschen erzieht, erzieht man einen einzelnen Menschen. Wenn man ein Mädchen erzieht, erzieht man eine ganze spätere Familie.“

Harold McIver

„Mütter lieben ihre Kinder mehr, als Väter es tun, weil sie sicher sein können, dass es ihre sind.“

Aristoteles

9. Ziele

♐

Auch das Lehren des Wertes von Zielen ist den Eltern vor allem durch ihr eigenes Vorbild möglich. Dazu sollten die Eltern wissen, was sie erreichen wollen – oder eben mit dem, wie es ist, von Herzen zufrieden sein.

Hier ist es sehr hilfreich, wenn die Kinder zusammen mit den Eltern Abenteuer erleben und Entdeckungen machen können. Das kann von einfachen Wanderungen über Kanufahrten bis hin zu Gleitschirmspringen reichen.

Möglicherweise kann es für das Kind eine Hilfe sein, wenn die Eltern es anregen, sich einmal ein Ideal-Leben auszudenken – entweder im Gespräch miteinander oder als geschriebene Geschichte.

Meist wird man, wenn man Vater oder Mutter geworden ist, feststellen, dass man sich wie der eigene Vater bzw. wie die eigene Mutter verhält. Das liegt daran, dass wir durch Nachahmung lernen, was auch die Vaterrolle und die Mutterrolle mit einschließt.

Das sollte man sich jedoch nicht selber vorhalten, sondern stattdessen schauen, wie man es anders machen will und dann auch ganz bewusste Erziehungsziele und Erziehungsmethoden beschließen.

Dabei sollte man allerdings immer beachten, dass es nicht darum geht, das Beste für sich selber zu erreichen oder immer das Beste für das Kind zu tun und sich ganz für das Kind aufzuopfern, sondern dass es um die Bedürfnisse der ganzen Familie geht. Nur in einer insgesamt glücklichen Familie kann auch der Einzelne glücklich sein.

Dabei sollte man mit sich selber und der eigenen Entwicklung nachsichtig und geduldig sein – so gut wie niemand ist genau so, wie er am liebsten wäre, oder so, wie es seinem Ideal entsprechen würde … Auch den eigenen Kindern sollte man nach und nach den Wert von Geduld und das Erkennen des richtigen Augenblicks lehren. Das ist jedoch erst bei Kleinkindern möglich – Babys sind dazu noch nicht in der Lage, da sie vollständig im Hier und Jetzt sind und immer ganz in dem Gefühl sind und dieses Gefühl ausdrücken, das gerade in ihnen da ist. Sie können noch nicht in die Zukunft hinein denken und planen.

Eine große Hilfe ist es dabei, wen man andere Mütter und Väter kennt und sich mit ihnen auf dem Spielplatz beim Schieben des Kinderwagens u.ä. austauscht.

Das Ziel dieses Aspektes der Erziehung ist die Entwicklung des Mutes des Kindes, das, was es am meisten inspiriert und begeistert, auch anzustreben und in seinem Leben Wirklichkeit werden zu lassen.

„Kinder halten uns nicht vom Wichtigen ab. Sie sind das Wichtigste!"
C.S. Lewis

„Für Kinder ist das Beste gerade gut genug."
Johann Wolfgang von Goethe

„Kinder sind Gäste, die nach dem Weg fragen."
Maria Montessori

„Ehe man eigene Kinder hat, hat man nicht die leiseste Vorstellung davon, welches Ausmaß die eigene Stärke, Liebe oder Erschöpfung annehmen kann."
Peter Gallagher

„Niemand wird mit dem Hass auf andere Menschen wegen ihrer Hautfarbe, ethnischen Herkunft oder Religion geboren. Hass wird gelernt. Und wenn man Hass lernen kann, kann man auch lernen zu lieben. Denn Liebe ist ein viel natürlicheres Empfinden im Herzen eines Menschen als ihr Gegenteil."
Nelson Mandela

„Die Kinder sind der Fortschritt selbst – vertraut dem Kinde."
Rainer Maria Rilke

„Die Zukunft gehört denen, die der nachfolgenden Generation Grund zur Hoffnung geben."
Pierre Teilhard de Chardin

10. Rückhalt

Die Frage, ob eine autoritäre oder eine antiautoritäre Erziehung besser ist, ist im Grunde eine falsche Fragestellung. Das, was Kinder brauchen, ist ein verlässlicher Rückhalt bei den Eltern, von dem aus sie selber die Welt erforschen können. Da dieses Erforschen zum Erleben der „Realität da draußen" führt, ist der Rückhalt bei den Eltern das, was die Kinder brauchen, um auf Entdeckungsreise gehen zu können.

Bei der autoritären Erziehung fehlt der Freiraum, durch den die Kinder ihre eigenen Erfahrungen machen und sich ein eigenes Bild von der Welt erschaffen können – bei der antiautoritären Erziehung fehlt der Rückhalt, durch den sich die Kinder sicher fühlen und wissen, dass sie nach ihren Ausflügen in die Welt immer wieder in einen sicheren Schutzraum zurückkehren können.

Für viele Kinder könnte auch ein Überblick über die verschiedenen Weltanschauungen und Religionen sowie eine grobe Skizzierung der Geschichte der Menschheit anregend sein und dem Kind eine bessere Orientierung geben.

Durch die Erziehung übertragen die Eltern bewusst oder und unbewusst die Themen und Verhaltensweisen von sich selber Eltern und von ihren Vorfahren auf ihre Kinder. Diese Themen kann man gut bei Familienaufstellungen beobachten. Das Kind wird durch die Eltern gewollt oder ungewollt in die jeweilige Familien-tradition eingeführt. Neben den sinnvollen und hilfreichen Verhaltensweisen können so auch unsinnige und schädliche Eigenschaften weitergegeben werden, die zu einem großen Teil auch auf Traumas beruhen.

Die große Kraft und die große Beständigkeit dieser Familientradition kann man vor allem bei den Familienaufstellungen gut erkennen. Diese Familientradition ist nicht nur in dem Verhalten der Eltern verankert, das die Kinder kopieren, sondern sie ist auch eigenständig vorhanden. Das kann man daran erkennen, dass bei den Familien-aufstellungen die Person, die z.B. den Vater des Ratsuchenden repräsen-tiert, sich genau wie dieser Vater verhalten und auch intuitiv Dinge über ihn wissen, obwohl sie vorher lediglich gehört haben, dass es diesen Vater gibt. Diese Familien-aufstellungen sind ein gutes Beispiel für kollektive Telepathie.

Die Erziehung beruht auch auf den Erziehungsnormen in der jeweiligen Kultur, in der ein Kind bei seinen Eltern aufwächst. Diese Normen sind nur teilweise bewusst, aber sie werden dem Kind von den Eltern vorgelebt. Aus dieser Sicht kann man Erziehung auch als eine methodische Sozialisation und als eine Sicherung des der-zeitigen sozialen Systems ansehen.

Die Erziehung in einem Lehrer/Schüler-Verhältnis ist in der Regel eine schon etwas bewusstere Erziehung als die durch die Eltern, da Lehrer mehr nach bewussten Konzepte und Prinzipen vorgehen als Eltern.

In vielen Ländern – auch in der BRD – ist die staatliche Erziehung der elterlichen Erziehung rechtlich gleichgestellt.

Es gibt rechtlich gesehen sowohl ein Erziehungsrecht als auch eine Erziehungs-pflicht der Eltern. Das Erziehungsrecht kann den Eltern bei anhaltenden groben Verstößen durch das Jugendamt entzogen werden.

Zwischen ca. 1800 und 1960 (und in weiten Teilen auch schon vor 1800) herrschte in Europa der autoritäre Erziehungsstil. Dabei ging es darum, die Kinder schon früh an Regeln zu gewöhnen. Man ließ sie auch lange schreien lassen – das sollte angeb-lich die Lunge stärken und verhindern, dass die Kinder verwöhnt werden. In der NAZI-Zeit sollten Kinder „zäh wie Leder, hart wie Krupp-Stahl" werden, d.h. sie sollten gehorsam, beherrscht und anspruchslos sein … sie sollten eben gute Untertanen und Soldaten werden …

Diese Sichtweise wurde erst in der Hippiezeit durch die antiautoritäre Erziehung verändert, die als Gegenreaktion zu der autoritären Erziehung zwar auch einseitig war, aber es in der Folgezeit ermöglichte, eine sinnvolle Mischung aus Autorität und Freiheit zu entfalten, die vor allem in der natürlichen, in der Sachkenntnis der Eltern begründeten Autorität der Eltern gegenüber den Kindern begründet ist.

Diese Autorität ist keine Herrschaft, sondern ein Wissen der Eltern und der Kinder darüber, dass die Eltern manches wissen und können, was die Kinder noch nicht wissen und können – und dass es daher für die Kinder sinnvoll ist, den Anweisun-gen der Eltern zu folgen. Das setzt natürlich voraus, dass die Eltern ihre Autorität nicht vortäuschen oder mit Gewalt erzwingen, sondern dass sie wirklich diese Sachkenntnis haben, die die Kinder davon überzeugen kann, dass es sinnvoll ist, was die Eltern ihnen sagen.

Die Werte, die heute weitgehend die westliche Erziehung bestimmen, sind Toleranz, Gewaltlosigkeit, Gesprächsbereitschaft, Kompromissfähigkeit, Mut, Zivilcourage, Leistungsbereitschaft und vereinzelt auch noch Religionstreue.

> **Das Ziel dieses Aspektes der Erziehung ist die Förderung von Sachkenntnis und Realismus.**

„Jeder junge Mensch hat ein Recht auf Förderung seiner Entwicklung und auf Erziehung zu einer eigenverantwortlichen und gemeinschaftsfähigen Persönlichkeit.“
Kinder- und Jugendhilfegesetz, § 1

„Das Wichtigste bei der Erziehung ist, dass die Kinder ein klares Bewusstsein für die Folgen ihres Denkens und Tuns entwickeln.“
Dalai Lama

„Wer Kindern was verspricht, sei es ein Spiel, ein Geschenk ... der halte es wie einen Eid.“
Peter Rosegger

„In der kleinen Welt, in welcher Kinder leben, gibt es nichts, dass so deutlich von ihnen erkannt und gefühlt wird, als Ungerechtigkeit.“
Charles Dickens

„Kinder sind nicht dümmer als Erwachsene; sie haben nur weniger Erfahrung.“
Janusz Korczak

„Die Jugend soll ihre eigenen Wege gehen, aber ein paar Wegweiser können nicht schaden.“
Pearl S. Buck

„An seinen Vorfahren kann man nichts ändern, aber man kann mitbestimmen, was aus den Nachkommen wird.“
François de La Rochefoucauld

„Solange Kinder klein sind, gib ihnen tiefe Wurzeln, wenn sie älter geworden sind, gib ihnen Flügel."
Indisches Sprichwort

„Viele Eltern sind entrüstet und verwundert, wenn sie sehen, dass die Kinder so werden, wie sie sie erzogen haben."
Wilhelm Schlichting

„Erst wenn man genau weiß, wie die Enkel ausgefallen sind, kann man beurteilen, ob man seine Kinder gut erzogen hat."
Erich Maria Remarque

„Jeder junge Mensch macht früher oder später die verblüffende Entdeckung, dass auch Eltern gelegentlich Recht haben können."
André Malraux

„Was man als Kind geliebt hat, bleibt im Besitz des Herzens bis ins hohe Alter."
Khalil Gibran

„In den Kindern erlebt man sein eigenes Leben noch einmal, und erst jetzt versteht man es ganz."
Søren Kierkegaard

„Viele Kinder haben schwer erziehbare Eltern."
Jean-Jacques Rousseau

„Erziehung ist im Wesentlichen das Mittel, die Ausnahme zu ruinieren zugunsten der Regel."
Friedrich Nietzsche

„Eines wissen alle Eltern auf der Welt: wie die Kinder anderer Leute erzogen werden sollen."
Alice Miller

„Glücklich, wer sich zuerst erzieht, ehe er sich anmaßt, andere zu bessern."
Deutsches Sprichwort

„Vater werden ist nicht schwer, Vater sein dagegen sehr."
Wilhelm Busch

11. Gemeinschaften

Menschen leben nicht isoliert, sondern schließen sich gerne zu Gruppen von Gleichgesinnten und Menschen mit ähnlichen Interessen zusammen. Hier können die Eltern ihre Kinder beobachten und sie mit anderen Kindern, die ähnliche Neigungen haben, zusammenbringen.

Es ist natürlich auch hier wieder sehr förderlich, wenn die Kinder auch in diesem Bereich einfach ihre eigenen Eltern als gute Vorbilder nachahmen können.

Auch ein Überblick über die derzeit notwendige Veränderungen (Kriege, Klimaerwärmung usw.) und generell über die Politik können das Bewusstsein des schon älteren Kindes über seine Stellung in der Welt und seine Möglichkeiten in ihr entwickeln.

Die antiautoritäre Erziehung seit ca. 1965 und die Weiterentwicklung dieses Ansatzes führte zu einem Erziehungsstil, den man „emanzipatorisch" nennen könnte: Das Kind sollte eigenständig werden, um dann später sein eigenes Leben selbstbestimmt gestalten zu können.

Diese Ansatz strebt auch danach, dass alle gleich erzogen und ausgebildet werden, d.h. es wird versucht, eine Chancengleichheit herzustellen, von der wir natürlich global gesehen noch sehr weit entfernt sind.

> **Das Ziel dieses Aspektes der Erziehung ist es, die eigene Utopie zu erkennen und dann Menschen zu finden, die dieselben Zukunftsvorstellungen haben und mit ihnen zusammen daran arbeiten zu können, dass diese Utopie Wirklichkeit wird.**

„Die Fragen eines Kindes sind schwerer zu beantworten als die Fragen eines Wissenschaftlers."
Alice Miller

„Nicht alle Kinder lernen das Gleiche zur gleichen Zeit auf die gleiche Weise!"
Kathy Walker

„Lass Deine Kinder gehen, wenn Du sie nicht verlieren willst."
Malcolm Forbes

„Was Kinder betrifft, betrifft die Menschheit."
Maria Montessori

„Es kann keine Revolution ohne radikale Veränderungen im Erziehungswesen geben."
H. G. Wells

„Überlasst mir die Erziehung und in einem Jahrhundert ist Europa umgestaltet."
Gottfried Wilhelm von Leibniz

„Die Welt reformieren heißt, die Erziehung reformieren."
Janusz Korczak

12. Religion

H

Dies ist ein Bereich, in dem die Eltern ihren Kindern nur so viel Anregung geben können, wie sie selber an Erfahrung haben. Dies beginnt ganz schlicht mit der Freude an der Natur und geht dann über das Deuten von Horoskopen, Traum-reisen, Meditationen und dem Erlernen der Grundformen der Magie bis zu den traditionellen Formen der Spiritualität und den Religionen.

Besonders anspruchsvoll ist es natürlich, wenn die Eltern zwei verschiedenen Religionen angehören. Dann sollten sie dem Kind die Möglichkeit geben, beide Sichtweisen auf die Welt kennenzulernen.

Zu den spirituellen und religiösen Themen, die die Entwicklung eines Kindes fördern können, gehören auch Mitgefühl, Hilfsbereitschaft, Gelassenheit, sich selber als Teil der Welt erleben, Vertrauen und Verantwortung, und schließlich noch das Annehmen des Wandels aller Dinge. Ein wesentlicher Aspekt der Magie und der Religion ist das Kennenlernen der eigenen Schutzgottheit, also der Gottheit, von deren „Meer" die eigene Seele sozusagen ein „Tropfen" ist.

Ein weiteres wichtiges Thema aus diesem Bereich ist die Kunst, deren Aufgabe es ja unter andrem ist, die wesentlichen Dinge im Leben, in der Spiritualität und in der Welt darzustellen und dazu anzuregen, zusammen mit allen anderen diesen „guten Zustand" anzustreben.

Eine wesentliche Erkenntnis in diesem Zusammenhang ist es, dass nicht nur die Mutter, sondern auch der Vater einen wesentlichen Anteil an der Erziehung hat – auch wenn er zumindest in der traditionellen Form der Familie deutlich weniger Zeit mit seinen Kindern verbring als die Mutter.

> *Das Ziel dieses Aspektes der Erziehung ist, dem Kind zu helfen, sich als Teil der Welt zu erleben und sich dann entsprechend zu verhalten.*

„Tiere und kleine Kinder sind der Spiegel der Natur."
Epikur

„Die Arbeit läuft Dir nicht davon, wenn Du einem Kind den Regenbogen zeigen willst. Aber der Regenbogen wartet nicht, bis Du mit der Arbeit fertig bist."
aus China

„Phantasie ist wichtiger als Wissen, denn Wissen ist begrenzt."
Albert Einstein

„Kreativität ist Intelligenz, die Spaß hat."
Albert Einstein

„Nur wer erwachsen wird und Kind bleibt, ist ein Mensch."
Erich Kästner

„Ein großer Mensch ist derjenige, der sein Kinderherz nicht verliert."
Johannes Legge

„Kinder spielen aus dem gleichen Grund, wie Wasser fließt und Vögel fliegen."
Fred O. Donaldson

„Der gute Erzieher legt die Kinder als Maß an sich, der schlechte sich als Maß an die Kinder."
Lucius Annaeus Senecio

„Wenn Du Dein Kind im rechten Sinn erziehst, ahnst Du es nicht, dass Du Dich oft zu ihm erhebst und im Erziehen Dein eigner Zögling bist?"
Karl May

„Nimm ein Kind an die Hand und lass Dich von ihm führen. Betrachte die Steine, die es aufhebt und höre zu, was es Dir erzählt. Zur Belohnung zeigt es Dir eine Welt, die Du längst vergessen hast."
anonym

„Und am Ende eines Tages sollen Deine Füße dreckig, Dein Haar zerzaust und Deine Augen leuchtend sein."
anonym

„Es braucht ein ganzes Dorf, um ein Kind zu erziehen. "
afrikanisches Sprichwort

„Christus, da er den Menschen ziehen wollte, mußte Mensch werden. Sollen wir Kinder ziehen, so müssen wir auch Kinder mit ihnen werden. "
Martin Luther

„Genießen Sie Ihre Kinder. Das ist das Beste, was Sie tun können. "
Jesper Juul

„Drei Dinge sind uns aus dem Paradies geblieben: die Sterne der Nacht, die Blumen des Tages und die Augen der Kinder. "
Dante Alighieri

„Unsere wahre Aufgabe ist es, glücklich zu sein. "
Dalai Lama

<u>Bücher von Harry Eilenstein</u>

<u>Magie für Anfänger</u>
- Telepathie für Anfänger (60 S.)
- Telepathie für Fortgeschrittene (52 S.)
- Telekinese für Anfänger (52 S.)
- Analogien für Anfänger (56 S.)
- Omen und Orakel für Anfänger (52 S.)
- Lebenskraft für Anfänger (60 S.)
- Meditation für Anfänger (56 S.)
- Kundalini für Anfänger (100 S.)
- Hypnose für Anfänger (56 S.)
- Kampfmagie für Anfänger (172 S.)
- Auto-Movement für Anfänger (56 S.)
- Chakra-Magie für Anfänger (148 S.)
- Astralreisen für Anfänger (56 S.)
- Astrologie für Anfänger (120 S.)
- Astrologische Quadrate für Fortgeschrittene (72 S.)
- Partnerhoroskope für Anfänger (100 S.)
- Silberschnüre für Anfänger (52 S.)
- Zaubersprüche für Anfänger (60 S.)
- Ritual-Magie für Anfänger (56 S.)
- Mandalas für Anfänger (68 S.)
- Geldzauber für Anfänger (56 S.)
- Liebeszauber für Anfänger (52 S.)
- Invokationen für Anfänger (52 S.)
- Evokationen für Anfänger (60 S.)
- Geister für Anfänger (52 S.)
- Elfen für Anfänger (56 S.)
- Magie-Forschung für Anfänger (140 S.)
- Magie-Romantik für Anfänger (60 S.)
- Selbsterkenntnis für Anfänger (52 S.)
- Einweihungen für Anfänger (60 S.)
- Drogen-Kabbala für Anfänger (216 S.)
- Zahlensymbolik für Anfänger (60 S.)
- Die Sprache des Mondes – für Anfänger (116 S.)
- Zaubergesänge für Anfänger (100 S.)
- Zukunftschau für Anfänger (60 S.)
- Schamanismus für Anfänger (52 S.)
- Schwitzhütten für Anfänger (52 S.)
- Magische Gegenstände für Anfänger (68 S.)
- Übertragungen für Anfänger (68 S.)
- Zaubertränke für Anfänger (64 S.)
- Magie-Gesten für Anfänger (252 S.)
- Da'ath-Magie für Anfänger (64 S.)
- Magie-Heilungen für Anfänger (68 S.)
- Kornkreise für Anfänger (348 S.)
- Feng Shui für Anfänger (96 S.)
- Tao für Anfänger (112 S.)
- Magie für Anfänger – Sammelband   I (696 S.)
- Magie für Anfänger – Sammelband   II (664 S.)
- Magie für Anfänger – Sammelband III (580 S.)
- Magie für Anfänger – Sammelband IV (700 S.)
- Magie für Anfänger – Sammelband   V (676 S.)
- Magie für Anfänger – Sammelband VI (640 S.)

<u>Magie</u>
- Handbuch für Zauberlehrlinge (408 S.)
- Wie man das Pentagramm-Ritual zum Leben erweckt (308 S.)
- Tarot (104 S.)
- Physik und Magie (184 S.)
- Die Synthese von Physik und Magie (200S.)
- Die Magie-Formel (156 S.)
- Schwarze Löcher in der Magie (56 S.)
- Krafttiere – Tiergöttinnen – Tiertänze (112 S.)
- Schwitzhütten (524 S.)
- Mythen und Magie der Harfe (116 S.)
- Drei Adeptus Major Rituale (192 S.)
- Drei Adeptus Exemptus Rituale (120 S.)
- Zwei Infans Abyssi Rituale (128 S.)

<u>Traumreisen</u>
- Traumreisen zu Heilpflanzen (700 S.)
- Traumreisen zum kabbalistischen Lebensbaum (132 S.)

<u>Meditation</u>
- Der Lebenskraftkörper (230 S.)
- Die Chakren (100 S.)
- Das Chakren-System mit den Nebenchakren (296 S.)
- Organe und Chakren (64 S.)
- Die platonischen Körper in den Chakren (156 S.)
- Meditation (140 S.)
- Drachenfeuer (124 S.)
- Kundalini I (676 S.)
- Kundalini II (672 S.)
- Reinkarnation (156 S.)
- einsgerichtet (140 S.)

<u>Astrologie</u>
- Astrologie (496 S.)
- Photo-Astrologie (428 S.)
- Die astrologischen Aspekte (88 S.)
- Horoskop und Seele (120 S.)

<u>Kabbala</u>
- Kursus der praktischen Kabbala (150 S.)
- Eltern der Erde (450 S.)
- Blüten des Lebensbaumes:
    1. Die Struktur des kabbalistischen Lebensbaumes (370 S.)
    2. Der kabbalistische Lebensbaum als Forschungshilfsmittel (580 S.)
    3. Der kabbalistische Lebensbaum als spirituelle Landkarte (520 S.)
- Logik und Wirkung der Analogie (700 S.)

<u>Eilenstein, Frater V.D., Knecht, Büdenbender</u>
- Magie heute – Berichte aus der Praxis (288 S.)

<u>Büdenbender, Eilenstein</u>
- Chaos, Alk und Magic (436 S.)

Religion allgemein
- Die sieben Schritte des Lebens (428 S.)
- Muttergöttin und Schamanen (168 S.)
- Totempfähle (440 S.)
- Der Urriese (168 S.)

Jungsteinzeit
- Göbekli Tepe (472 S.)
- Die Göttin von Göbekli Tepe (144 S.)
- Die Rituale von Göbekli Tepe (112 S.)

Ägypten
- Hathor und Re 1: Götter und Mythen im
  im Alten Ägypten (432 S.)
- Hathor und Re 2: Die altägyptische Religion
  – Ursprünge, Kult und Magie (396 S.)
- Isis (508 S.)
- Ma'at (200 S.)

Indogermanen
- Die Entwicklung der indogermanischen
  Religionen (700 S.)
- Wurzeln und Zweige der indogermanischen
  Religion (224 S.)

Christentum
- Christus (60 S.)
- Die Biographie des Teufels (144 S.)
- Die Magie der Propheten Elias und Elisa (96 S.)

Psychologie
- Über die Freude (100 S.)
- Das Geheimnis des inneren Friedens (252 S.)
- Das Beziehungsmandala (52 S.)
- Gefühle und ihre Verwandlungen (404 S.)
- einsgerichtet (140 S.)
- Liebe und Eigenständigkeit (216 S.)
- Von innerer Fülle zu äußerem Gedeihen (52 S.)
- Kreative Hochzeits-Rituale (56 S.)

Heilung
- Die Symbolik der Krankheiten (76 S.)

Kunst
- Herz des Tanzes – Tanz des Herzens (160 S.)
- Die Wurzeln der Kunst (60 S.)
- Wege zur Musik-Improvisation (32 S.)

Drama
- König Athelstan (104 S.)

Roman
- Maran der Schamane (548 S.)
- Maran der Zauberlehrling (676 S.)
- Maran der Harfner (700 S.)
- Maran der Krieger (700 S.)
- Maran der Magier (900 S.)
- Maran der Weise (900 S.)

Entwürfe für die Zukunft
1. Die 12 Stile des Tierkreises (164 S.)
2. Die 12 Gedanken zur Energie (108 S.)
3. Die 12 Phänomene der Schwingungen (60 S.)
4. Die 12 Qualitäten des Wassers (92 S.)
5. Die 12 Fundamente des Wohnens (96 S.)
6. Die 12 Grundprinzipien einer umfassenden
   Gesundheit (32 S.)
7. Die 12 Zonen des menschlichen Körpers (80 S.)
8. Die 12 Zutaten der Ernährung (60 S.)
9. Die 12 Flüge der Bienen (148 S.)
10. Die 12 Sichtweisen auf Genußmittel und Drogen (96 S.)
11. Die 12 Möglichkeiten der ganzheitlichen Medizin (92 S.)
12. Die 12 Ansichten über das Impfen (36 S.)
13. Die 12 Leitlinien der Erziehung (44 S.)
14. Die 12 Richtungen des Denkens (84 S.)
15. Die 12 Arten des Lernens (56 S.)
16. Die 12 Seiten einer umfassenden Bildung (36 S.)
17. Die 12 Ansätze zu effektivem Handeln (76 S.)
18. Die 12 Konzepte der Arbeit (48 S.)
19. Die 12 Arten der neuen Technologien (36 S.)
20. Die 12 Betrachtungsweisen der künstlichen
    Intelligenz (48 S.)
21. Die 12 Eigenheiten des Geldes (40 S.)
22. Die 12 Funktionen der Steuern (56 S.)
23. Die 12 Betrachtungsweisen der Sozialberufe (60 S.)
24. Die 12 Strategien der Macht (64 S.)
25. Die 12 Anforderungen an ein neues Wertesystem (48 S.)
26. Die 12 Bausteine einer neuen Gesellschaftsform (52 S.)
27. Die 12 Tore zur Sophikratie (80 S.)
28. Die 12 Pfade zum Frieden (48 S.)
29. Die 12 Säulen des Naturrechts (56 S.)
30. Die 12 Grundlagen der Beziehungen (52 S.)
31. Die 12 Spielfelder des Fußballs (108 S.)
32. Die 12 Wege der Kunst (60 S.)
33. Die 12 Wurzeln eines erfüllten Lebens (44 S.)
34. Die 12 Bereiche des Bewußtseins (56 S.)
35. Die 12 Tempel der Religionen (84 S.)
36. Die 12 Aspekte eines einheitlichen
    spirituell-physikalischen Weltbildes (72 S.)
37. Die 12 Dynamiken der Verwandlung (44 S.)
- Sammelband 1 „Natur" (492 S.)
- Sammelband 2 „Gesundheit" (512 S.)
- Sammelband 3 „Bildung" (524 S.)
- Sammelband 4 „Gesellschaft" (416 S.)
- Sammelband 5 „Psyche" (380 S.)

die „Anfänger"-Reihe
- The Synthesis of Physics and Magic (192 p.)
- Telepathy for Beginners (60 p.)
- Telepathy for Advanced Learners (52 p.)
- Telekinesis for Beginners (56 p.)
- Life Force for Beginners (76 p.)
- Kundalini for Beginners (104 p.)
- Astral Projection for Beginners (60 p.)
- Meditation for Beginners (60 p.)
- Prophecy for Beginners (60 p.)
- Ritual Magic for Beginners (64 p.)
- Magic Chant for Beginners (108 p.)
- Invocations for Beginners (52 p.)
- Evocations for Beginners (62 p.)
- Auto-Movement for Beginners (60 p.)
- Elves for Beginners (56 p.)
- Hypnosis for Beginners (56 p.)
- Love Magic for Beginners (52 p.)
- Money Magic for Beginners (60 p.)
- Magic Objects for Beginners (64 p.)
- Shamanism for Beginners (52 p.)
- Chakra-Magic for Beginners (148 p.)
- Language of the Moon – for Beginners (128 p.)
- Self Knowledge for Beginners (60 p.)
- Da'ath-Magic for Beginners (64 p.)
- Astrology for Beginners (112 p.)
- Number Symbolism for Beginners (64 p.)
- Mandalas for Beginners (76 p.)
- Crop Circles for Beginners (344 p.)
- Feng Shui for Beginners (96 p.)
- Magic Research for Beginners (140 p.)
- Magic for Beginners – Anthology I (636 p.)
- Magic for Beginners – Anthology II (616 p.)
- Magic for Beginners – Anthology III (684 p.)
- Magic for Beginners – Anthology IV (580 p.)

Eilenstein, Frater V.D., Knecht, Büdenbender
- Living Magic (261 S.) (= „Magie heute")

sonstige englische Ausgaben
- The Biography of the Devil (140 S.)
- The Synthesis of Physics and Magic (192 S.)
- The Chakra-System with the Minor Chakras (304 S.)